BEI GRIN MACHT SICH IHR WISSEN BEZAHLT

- Wir veröffentlichen Ihre Hausarbeit,
  Bachelor- und Masterarbeit

- Ihr eigenes eBook und Buch -
  weltweit in allen wichtigen Shops

- Verdienen Sie an jedem Verkauf

Jetzt bei www.GRIN.com hochladen und kostenlos publizieren

Bibliografische Information der Deutschen Nationalbibliothek:

Die Deutsche Bibliothek verzeichnet diese Publikation in der Deutschen National-
bibliografie; detaillierte bibliografische Daten sind im Internet über http://dnb.d-
nb.de/ abrufbar.

Impressum:

Copyright © 2018 GRIN Verlag
Druck und Bindung: Books on Demand GmbH, Norderstedt Germany
ISBN: 9783668844667

Dieses Buch bei GRIN:

https://www.grin.com/document/450293

Anonym

Der Lyriker Stefan George im Kontext der Mittelalterrezeption

GRIN Verlag

GRIN - Your knowledge has value

Der GRIN Verlag publiziert seit 1998 wissenschaftliche Arbeiten von Studenten, Hochschullehrern und anderen Akademikern als eBook und gedrucktes Buch. Die Verlagswebsite www.grin.com ist die ideale Plattform zur Veröffentlichung von Hausarbeiten, Abschlussarbeiten, wissenschaftlichen Aufsätzen, Dissertationen und Fachbüchern.

Besuchen Sie uns im Internet:

http://www.grin.com/

http://www.facebook.com/grincom

http://www.twitter.com/grin_com

STEFAN GEORGE

Die Spiegelungen einer Seele die vorübergehend in andere Zeiten geflohen ist

Ausarbeitung des Referats

SS 2018
SEMINAR: MITTELALTER-REZPTION

STUDIENGANG: MASTER OF EDUCATION BIOLOGIE/DEUTSCH/CHEMIE

Inhalt

Einleitung

Diese Arbeit stellt die Ausarbeitung des Referats *Stefan George – Die Spiegelungen einer Seele die vorübergehend in andere Zeiten geflohen ist* dar, welches im Rahmen des Seminars *Mittelalterrezeptionen* gehalten wurden, dar. Die Konzeption folgt grundsätzlich der Referatsstruktur- an gegebener Stelle werden jedoch Ergänzungen vorgenommen, um die Verortung im Gesamtkontext *Mittelalterrezeption* zu gewährleisten. Zunächst wird die Person Stefan George und seine Kreis-Bildung vor- bzw. dargestellt. Seine charismatische und ambitionierte Persönlichkeit, die besonders durch die Gründung und Führerschaft einer elitären Gruppe mit der Programmatik einer Art von ästhetischen Absolutismus erfassbar ist, stehen in unmittelbarer Beziehung mit seinem poetischen Schaffen und finden so ihre Berechtigung im Rahmen dieser Arbeit. Die allgemeingültigen Charakteristika seiner wie Brecht es betitelte „originell[en]"[1] Dichtung werden anschließend aufgezeigt, um auf diese bei der im Zentrum stehenden Analyse des Gedichts *Die Gräber in Speier* zurückgreifen zu können. Die Thematik der Mittelalterrezeption und –imigation wird vorbereitend vorerst allgemein und darauffolgend spezifisch in Georges Werken dargestellt, um wiederum das Gedicht in diesem Zusammenhang kontextualisieren zu können. Nach der Gedichtsanalyse und Interpretation schließt diese Arbeit mit einem persönlichen, resümierenden Fazit.

Stefan George und sein Kreis- eine Annäherung

Stefan George wird 1868 in Büdesheim bei Bingen geboren, besucht das Gymnasium in Darmstadt und studiert später Romanistik, Philosophie und Kunstgeschichte in Berlin, München und Paris. Bereits als Schüler betätigt er sich als Herausgeber einer Zeitschrift *Rosen und Disteln*, in der ausdrücklich keine Artikel religiösen oder politischen Inhalts abgedruckt werden, was bereits die spätere georgesche Programmatik andeutet.[2] In Paris lernt George den Lyriker Albert Saint-Paul kennen, der ihn Stéphane Mallarmé vorstellt. Mallarmé, einer der Begründer des französischen Symbolismus und der poésie pure, versteht den Dichter nicht nur als perfekten Meister der Sprache, sondern mehr noch als einen in die Mysterien eingeweihten

---

[1] Brecht; zit. n. Schonauer, 1992
[2] Vgl. Schonauer, 1992, S. 12.

Seher. Der Kontakt mit Mallarmé und anderen französischen Symbolisten leitet George zur elitären Kunstauffassung des l'art pour l'art hin, aus der er seine sakrale Auffassung von Kunst und Poesie entwickelt.

Die Begegnung mit dem Symbolismus führt George zu der Absicht, in Deutschland ähnlich wirksam zu werden wie Mallarmé und sein Kreis in Frankreich; die neue französische Dichtung wird ihm zum Vorbild seiner Poesie. Nach seiner Rückkehr nach Deutschland versammelt er literarische Gefährten um sich – im Gegensatz zum späteren Kreis noch Gleichaltrige und Gleichberechtigte –, mit denen ihn die Idee verbindet, eine neue Kunst nach französischem Vorbild zu schaffen.

1891 kommt es zur ersten Begegnung zwischen George und Hofmannsthal, auf dessen – noch unter dem Pseudonym Loris veröffentlichte – Gedichte George aufmerksam geworden ist. George versucht, Hofmannsthal zum Freund zu gewinnen, dieser reagiert aber mit höflicher Zurückhaltung und wahrt Distanz. Nach vielen Auseinandersetzungen und Missverständnissen endet ihr Briefwechsel 1906 aber endgültig.

Den Plan, eine Zeitschrift für die neue Dichtung zu gründen, verwirklicht George 1892 mit dem Erscheinen des ersten Bandes der *Blätter für die Kunst*; "Der name dieser veröffentlichung sagt schon zum teil was sie soll: der kunst besonders der dichtung und dem schrifttum dienen, alles staatliche und gesellschaftliche ausscheidend."[3] Dieses Programm entspricht den Forderungen der französischen Symbolisten und schließt an seine Jugendzeitschrift *Rosen und Disteln* an. Die bis 1919 erscheinenden *Blätter für die Kunst* werden allerdings nicht als für den öffentlichen Buchhandel bestimmte Zeitschrift vertrieben, sondern als poetisches Forum für Freunde und Gleichgesinnte. Aus den Mitarbeitern der Zeitschrift entwickelt sich der ‚Kreis‘, der zunächst noch eine Gruppe von Gleichrangigen ist, bis George schließlich als ‚Meister‘ in den Mittelpunkt rückt. Eine besonders enge Freundschaft verbindet George ab dieser Zeit mit Karl Wolfskehl.[4]

1890 lernt George Ida Coblenz kennen, die einzige Frau, mit der ihn eine längere und sehr enge Freundschaft verbindet, die allerdings erheblichen Schwankungen unterliegen. Erst als Ida Coblenz 1895 zunächst einen Kaufmann heiratet und später eine Beziehung zu Richard Dehmel eingeht, kommt es zwischen ihr und George zum Bruch.

---

[3] Zit.n.: Ebd., S. 36.
[4] Vgl. ebd., S. 40ff.

Etwa 1895 beginnt sich in Berlin (George hat nie einen festen Wohnort gehabt) ein neuer Kreis von Gefährten um den Dichter zu konstituieren. Im Haus des Malerehepaars Reinhard und Sabine Lepsius kommt es zu den ersten Lesungen Georges vor einem geladenen Publikum. Nach den Berichten der Anwesenden soll von der Erscheinung Georges etwas ‚Dämonisches' ausgegangen sein.[5] Außerdem lernt George den Grafiker und Glasmaler Melchior Lechter kennen, dessen feierlicher Jugendstil fortan die georgeschen Gedichtbände kleidet. [6]

Zu dieser Zeit beginnt sich George bereits vom l'art pour l'art seiner Pariser Anfänge zu entfernen; seine Bemühungen zielen nicht mehr nur auf eine neue Kunst, sondern auf ein neues Leben, zu dem die Kunst hinzuführen hat.

Nach dem Bruch Georges mit den Kosmikern (1903), einer Runde um Alfred Schuler und Ludwig Klages, die eine Lehre entwickelt haben, wonach die abendländische Geschichte von Beginn an eine Welt des Verfalls und Untergangs gewesen sei, die nur durch die Rückkehr zu den heidnisch-chthonischen Ursprüngen gerettet werden könne, werden vermehrt jüngere Männer in den Kreis um George aufgenommen, wodurch sich Georges dominierende Rolle festigt. [7] Die innere Hierarchie und der Gedanke der Führerschaft gewinnen fortan an Aktualität, Tendenzen in Georges Werk von Anfang an präsent war.[8] Er begegnet zuerst in Gestalt der Auserwähltheit des Künstlers, aber früh auch im Sinne eines ‚sozialen Aristokratismus', der sich ästhetisch rechtfertigt; so entwarf der Künstler in Gedichten wie *Irrende Schar* oder *Templer* aus dem Siebenten Ring das Bild eines geistigen Ritterordens.[9] Der sich ab 1905 in Berlin um George scharende Kreis kann als bewusste Nachbildung eines solchen Ordensmodells interpretiert werden.[10] Bereits 1901 war in der fünften Folge der *Blätter für die Kunst* Stefan Georges *Weihespiel Die Aufnahme in den* Orden erschienen. Es ist ein Rollengedicht, in dem ein Jüngling in einer Klosterkirche den Großmeister und die Brüder um Aufnahme bittet. Sowohl Gundolfs Gefolgschaft und Jüngertum als auch Wolters' Herrschaft und Dienst sind programmatische Texte, die als Beschreibungen der idealtypischen inneren Struktur des Kreises zu verstehen sind. Friedrich Gundolf erkennt in George als erster den "Meister"; aus einer Gruppe Gleichgesinnter und Gleichberechtigter wird so "eine nach Rangordnungen organisierte Gefolgschaft, wobei der Wert des Einzelnen sich aus seiner Nähe zum Meister bestimmt."[11] So stammt folgendes Zitat, welches das Beziehungsgefälle und das

---

[5] Vgl. ebd., S. 62ff.
[6] Vgl. ebd., S. 68.
[7] Vgl. ebd., S. 75ff.
[8] Vgl. Egyptien, 2012, S. 378
[9] Ebd.
[10] Ebd.
[11] Schonauer, 1992, S. 92.

4

Faszinosum, was George auf seine Anhängerschaft ausgeübt zu haben muss, besonders gut widerspiegelt, auch von Grundolf selbst: „Wem der führer nur die sache vertritt der hat ihn nicht begriffen: wem er nur eine person ist der kann ihm nicht dienen. Wessen sehnsucht nach dem Ewigen in diesem sterblichen menschen und dem wort das er bringt erfüllt wird· wer in ihm gränzenlosen gehalt begränzte gestalt werden sieht und wem dieser meister unersetzbar ist der darf sich Jünger nennen." [12]   George spricht seine ‚Jünger' mit ‚Kind' an und liebt es, unnachsichtig Weisungen und Zurechtweisungen zu geben; die Begeisterung der Jüngeren für George schafft um ihn eine "Aura der Unangreifbarkeit und Unvergleichbarkeit". [13]

George strebt eine von ihm geführte Elite an, eine geistige Bewegung zur kulturellen Erneuerung Deutschlands; kulturpolitische Tendenzen ersetzen die vormals rein künstlerischen.

Direkte Aktionen in der Öffentlichkeit lehnt George zwar weiterhin ab, er schreibt jedoch: "Neuer Bildungsgrad (Kultur) entsteht indem ein oder mehrere urgeister ihren lebensrhythmus offenbaren der zuerst von der gemeinde dann von einer grösseren volksschicht angenommen wird." [14] Die häufige Verwendung des Wortes ‚deutsch' markiert eine Hinwendung zum nationalen; George beginnt die Sammlung *Deutsche Dichtung* herauszugeben und beschäftigt sich ausführlicher mit Nietzsche, Dante und Hölderlin. Er entwirft ein Bild vom Dichter als Seher und Künder; der Dichter will nicht mehr nur Meister der Worte sein, sondern Geheimniskundiger, Prophet: "[...] an die Stelle des Artisten tritt der Priester." [15] Der Soziologe Max Weber hat durch den Kontakt und die Studie des Kreises die Begriffe 'Sekte' 'charismatischen Führers' aus dem religiösen Kontext erhoben, sodass diese Beziehungsstrukturen zwischen George und seiner Anhängerschaft diesem soziologischem Modell entsprechen. [16]

Als zentrales Ereignis in Georges Leben gilt seine Begegnung mit dem vierzehnjährigen Max Kronberger (George nennt ihn Maximin), den er ab Januar 1903 regelmäßig besucht. Er spricht mit ihm über Kunst und Dichtung, nimmt ihn mit seinen Kreis und bemüht sich um seine Zuneigung. Der plötzliche Tod des Jungen (1904) trifft George schwer: "Ich war die ganze zeit zum arbeiten wie zum entschluss unfähig – [...] der geist tritt mit jeder woche in einen anderen kreis des leidens [...]." [17] 1906 veröffentlicht George Gedichte an Max Kronberger unter dem Titel "Maximin. Ein Gedenkbuch", eine "Manifestation des Kult-Bildes, zu dem der Tote

[12] Grundolf; zit. n.:Egyptien, 2012, S. 379
[13] Schonauer., S. 95.
[14] George, zit. n.: Ebd., S. 98.
[15] Ebd., S. 101.
[16] Breuer, 2016, vgl. S. 1160
[17] George zit.: Schonauer, 1992, S. 112.

erhoben wird."[18] George schafft den Mythos ‚Maximin' als dem im Menschen erschienenen Gott; im Vorwort zum Maximin-Gedenkbuch schreibt er: "Das ganze getriebe unsrer gedanken und handlungen erfuhr eine verschiebung seitdem dieser wahrhaft Göttliche in unsre kreise getreten war. [...] Wir fühlten wie geringfügig alle streite der länder alle leiden der kasten werden vorm dämmerschauer der grossen erneuungstage: wie alle brennenden fragen der gesellschaften in wesenlose finsternis verblassen wenn nach jeder ewigkeit den irdischen sich ein erlöser offenbart."[19] Aus einem toten Jungen bildet George so den Gott Maximin – Schonauer schreibt dazu: "[...] die Krise, in der der mythische Dichter sich befindet, da er seinen Anspruch in der modernen, rational erhellten Welt auf kein göttliches Geheimnis mehr beziehen kann, soll überwunden werden mittels eines Kultus, der nur als Ausdruck dieser Krise begreiflich ist."[20]

In *Der siebente Ring* (1907), in welchem auch das Gedicht *Die Gräber von Speyer* zu finden ist, tritt George als Ankläger der Gegenwart und Künder der Zukunft auf, beides auch bezogen auf Maximin, das Erlebnis der Verleiblichung eines Gottes im Menschen. Sein Interesse gilt nicht mehr nur der Dichtung, sondern dem Kultur- und Geistesgeschichtlichen und Politischen; 1910 erscheint im Verlag der *Blätter für die Kunst Das Jahrbuch für die geistige Bewegung*, das kulturpolitische Aufsätze beinhaltet: Die Autoren (aus dem George-Kreis) "wollen nicht die fülle des interessanten, reizvollen, aufregenden vermehren, sondern in der jugend das gefühl für die gefährdeten grundkräfte wachrufen: für ernst, würde und ehrfurcht."[21] George selbst beschwört in seinen Gedichten Gestalten der großen deutschen Vergangenheit - wofür das im Folgenden zu analysierende Gedicht *Die Gräber in Speier* vorbildhaft steht - die Geschichte wird mythologisiert; er fühlt sich als "Führer des geheimen und besseren Deutschland [...] und Erzieher einer neuen Jugend".[22]

Im Ersten Weltkrieg sieht er jedoch keinen Weg zur Durchsetzung dieses "neuen Reiches", sondern versteht ihn als unwiderlegbares Zeichen für die Verderbtheit der Zeit; er nimmt an den kriegerischen Geschehnissen nur distanziert Anteil. Die Erneuerung der Welt muss nach der Auffassung aus dem inneren Deutschland kommen, von einigen wenigen Auserwählten.[23]

Ab 1920 häufen sich die Konflikte Georges mit seinen Freunden (George wird immer entschiedener in seinen Forderungen), er endet in Einsamkeit und Isolation; seine Mission als

---

[18] Schonauer, 1992, S. 113.
[19] George zit. n.: Ebd., S. 117.
[20] Ebd., S. 118.
[21] George zit. n.: Ebd., S. 127·
[22] Ebd., S. 130.
[23] Vgl. ebd., S. 146; 148ff.

Rufer zu Bund und Staat ist gescheitert. 1930 äußert George gegenüber Freunden: "Was ich sehe kann ich Euch gar nicht alles sagen. Aber Ihr werdets alle noch erleben und ausbaden. Und es wird noch viel wüster kommen."[24] Nach Gesinnung und Haltung war es George nie möglich, sich mit dem Nationalsozialismus zu identifizieren;[25] dennoch gilt George nach der Machtübernahme Hitlers für eine Weile an den Schulen und Universitäten als Vorzeigedichter. Erst nach seinem Tod wendet sich die nazistische Polemik gegen George; sein Schweigen auf alle Ehrungen dürfte endlich als Ablehnung verstanden worden sein. Im Herbst 1933 erkrankt George schwer, im Dezember stirbt er.

Stefan Georges Poesie – Charakteristika

„Strengstes maass ist zugleich höchste freiheit." [26]; so einer der programmatischen Leitsprüche bzw. Merksprüche Georges aus und für die die *Blätter für die Kunst*. Sein Streben nach Schönheit und ästhetisch-vollendeter Form lässt sich allein schon an der äußerlichen Konzeption, also der Sprachlich- bzw. Schriftlichkeit seiner Werke nachweisen; die zudem ein absolutes Alleinstellungsmerkmal darstellt. So beschreibt Helmut Henne Georges Sprache, als „eine künstliche Eigensprache", die „eine eigene Welt der »dinge« – kraft eigener Benennung und Ausdrucksstärke" entwerfe.[27] Der Dichter neutralisierte alle Unreinheiten und Dissonanzen. Ross hat herausgearbeitet, dass George „die Konsonantenfolge »tzt« als unsinnig [erachtete], weil sie letztlich nicht zu hören sei. Er schrieb »zulezt«, »jezt« und »erhizt« Archaische Wörter wie »*Tucht*« (von tüchtig) wurden reaktiviert, Suffixe eliminiert (»Schöne« statt Schönheit) und Wörter neu entdeckt (»Wal« statt Schlacht)."[28]. George verwendete wohl auch deshalb diese Archaismen, weil sie von der Sprache der Gegenwart so weit entfernt schienen, dass sie als Kunstwörter gelten konnten. „Ungebräuchliche, exotische, archaische Wörter und Wortformen (»umfahin«, »demant«, »bronnen«) verstärkten den erstrebten Eindruck des Seltenen und Exklusiven"[29], so Ross. Dies sollte auch das Schriftbild wiederspiegeln: so entwickelte Stefan George seine eigene Schrift (StG-Schrift) zusammen mit

---

[24] George zit.n.: Ebd., S. 161.
[25] Vgl. dazu: Ebd., S. 161f.; Winkler, Michael: Stefan George, S. 424f.
[26] George zit. n. Roos, 2000, S. 17
[27] Helmut, 2010, S. 64
[28] Roos, 2000, S. 30
[29] Roos, 2000, S. 29

Melchior Lechter. Die optische Besonderheit der StG-Typographie verändert das Leseverhalten. Die fehlende Interpunktion und die Kleinschreibung erschwert es zusätzlich, die StG-Schrift für sich selbst oder den Zuhörer sinnvoll zu lesen. Klein schrieb im zweiten Heft der *Blätter für die Kunst* 1892: „Keine interpunktion, wenigstens keine im alten sinn, nur hie und da punkte um unerwartete einhälte zu bezeichnen. Die strofe ist ein musikalisches ganzes dessen gliederung sich von selbst ergibt. Einhöchst einfaches system von dem nur der flüchtige beobachter behaupten kann dass es das verständnis erschwere".[30] Georges Gepflogenheit, alle Hauptwörter klein zu schreiben, entstammte laut Ross zum einem der Auffassung, dass es beim Hören keinen Unterschied zwischen Groß- und Kleinschreibung gibt und zum anderen dem Streben nach Gleichförmigkeit und Ästhetik.[31] Die Interpunktion stufte er als überflüssiges Dekor ein, weil auch sie dieser eleganten Schlichtheit im Wege stand. Die schwere Lesbarkeit der StG-Schrift sorgte für Exklusivität indem sie verhinderte, dass „jeder »Erstbeste in ein Meisterwerk« Einblick gewinnen konnte - Sie war ein »Bollwerk gegen den Ansturm wilder Horden«".[32] Jeder im George-Kreis las nicht nur in der StG-Schrift, sondern korrespondierte auch mit ihr; dies schafft Identifikation mit dem Kreis und Nähe zu dem geistigen Führer.

Nun zu den inhaltlichen Charakteristika: Vor allem Georges frühe Dichtung und ihre theoretische Rechtfertigung können insgesamt als deutsche Dokumente des französischen Symbolismus verstanden werden. Der Symbolismus zeigt sich als eine idealistische, spiritualistische Kunst, die (im Gegensatz zum Impressionismus) auf Konzentration hinzielt. "Das Symbol oder Sinnbild ist ein Gebilde, dem von einer bestimmten Gruppe von Menschen ein besonderer, durch das Wesen des Gebildes (im Gegensatz zur Allegorie) nicht nahegelegter Sinn verliehen worden ist' und das daher ,den Charakter des Geheimzeichens, zum mindesten des Verabredeten' trägt. Die symbolistischen Dichter gehen von der Vorstellung eines hintergründigen Zusammenhangs alles Seienden aus. Der von ihnen gemeinte Sinn ist oft ein den Dingen zugrunde liegendes unfaßbares, unsägliches und unendliches Geheimnis, das nur durch die suggestive Kraft vollendeter sprachkünstlerischer Gestaltung magisch-mystisch beschworen werden kann. Das folgerichtige Ergebnis dieser irrationalen Welt- und Kunstanschauung ist eine anspruchsvolle hermetische *poésie pure*, die nur von einem erlesenen Kreis eingeweihter Kunstverehrer richtig aufgenommen werden kann."[33]

---

[30] Zit. n.: Roos, 2000, S. 30
[31] Roos, 2000, S. 31
[32] Ebd.
[33] Rothmann, S. 222f.

Die französischen Vorbilder dieser Bewegung sind u.a. Baudelaire, Rimbaud und Mallarmé, von deren Dichtungen George einen Großteil ins Deutsche überträgt. Damit bahnt sich George den "Weg zu einer eigenen Dichtersprache nicht über die Anlehnung an Vorbilder aus der deutschen Literatur"[34], sondern durch Übersetzen französischer Dichter. Er verdeutscht aber auch die Sonette Shakespeares sowie Teile aus Dantes *Göttlicher Komödie*.

Das Streben in vor allem seinen eigenen Frühwerken nach Ästhetik und Formvollendung ist allerdings weitgehend befreit von ethischer Bindung, dem Moralischen sogar entgegengesetzt. So kultiviert er einen ‚ästhetischen Amoralismus', der in Verachtung der Menschenmenge und des Allzu-Gewöhnlichen ausschlägt.[35] Georges Elitenbildung verbindet aber paradoxerweise antisoziale Ästhetik mit einem letztlich sozialen Ziel, so konstatiert Herbert Lehnert: „Er und seine Freunde wollten die Blüte einer individualistischen und antisozialen Weltanschauung sein und dennoch in einem neuen Orden eine neue Gemeinschaft bilden."[36]

Nicht zuletzt diese Haltung ruft heftige Kritik hervor; Brecht etwa schreibt: "Ich selber wende gegen die Dichtungen Georges nicht ein, daß sie leer erscheinen: ich habe nichts gegen Leere. Aber ihre Form ist zu selbstgefällig. Seine Ansichten scheinen mir belanglos und zufällig, lediglich originell. Er hat wohl einen Haufen von Büchern in sich hineingelesen, die nur gut eingebunden sind, und mit Leuten verkehrt, die von Renten leben. So bietet er den Anblick eines Müßiggängers, statt den vielleicht erstrebten eines Schauenden."[37] Auch Eugen Gottlob Winkler kritisiert: "Die Form, die er bildet, ist leer und tot, sein Ideal, selbst in seiner Verwirklichung, ein Phantasiegebilde, und seine Erscheinung, bei aller Großartigkeit ihrer Konsequenz, eine ungeheuerliche Pose."[38] Dagegen Adorno: "Am hohen Stil ist keine Sekunde Zweifel. [...] [George] fügt Zeilen zusammen, die klingen, nicht als wären sie von ihm, sondern als wären sie von Anbeginn der Zeiten da gewesen und müßten für immer so sein."[39]

Und genau dies scheint das Ziel Georges gewesen zu ein; etwas Großes, Ganzes, Exklusives, ja Monumentales zu schaffen - über die Zeit und Zeitgenossen hinweg. Dieser Anspruch isoliert und bringt (trotz der Kreis-Gemeinschaft) Einsamkeit mit sich. So ist es nicht verwunderlich, dass über den gesamten Werken Georges „eine Aura der Melancholie" liegt.[40] Baumgart

---

[34] Winkler, S. 428.
[35] Vgl. ebd., S. 407
[36] Lehnert, 1978, S. 229f.
[37] Zit.n.: Schonauer, S. 169.
[38] Zit.n.: Glaser, S. 409.
[39] Zit.n.: Rothmann, S. 224.
[40] Baumgart, 2016, S. 539

analysiert pointiert: „Leid und Melancholie adeln und heben aus der profanen Menge heraus [und] gehören zur Strategie der Selbst-Charismatisierung eines modernen Dichters."[41]

Stefan George schafft in seinen Werken, die immer als Gesamt-Werk bzw. Gesamt-Gestalt verstanden werden wollen, also als zentrales Merkmal Identität durch Abgrenzung.[42] Dies äußert sich unter anderem durch deutliche Kulturkritik, welche sich auf verschiedene Arten als diese identifizieren lässt. Ein Weg dafür ist der Bezug auf vergangene, vermeintlich kulturell gehaltvolle(re) Zeiten. Dies lässt sich in Stefan Georges Werken vermehrt finden; neben der Antike ist das Mittelalter ein zentrales Element in seiner Poetik und somit seiner Kulturkritik. Was die Rezeption von Mittelalterstoff in späterer Literatur leistet wird im Folgenden knapp dargestellt.

Mittelalterrezeption

Die Mittelalter-Rezeption erfreute sich damals wie auch heute einer großen Beliebtheit. Schon im Barock und auch im späteren 19. und 20. Jahrhundert wurden mittelalterliche Stoffe aufgegriffen und entweder neu interpretiert oder erfuhren eine Neuauflage des eigentlichen Stoffes.[43] Im dunkelsten Kapitel der deutschen Geschichte, der NS- Zeit, wurde die Mittelalter-Rezeption bewusst als Instrument benutzt und indoktriniert, somit entstanden neben der Mediävistik „Pseudowissenschaften".[44] Ende des 20. und Anfang des 21. Jahrhunderts findet sich die Mittelalter- Rezeption nicht nur alleine in der Literatur wieder. Hier steht in erster Linie das wahrnehmende Subjekt im Vordergrund und weniger die eigentliche Rezeption.[45] Dies führt oft dazu, dass der mittelalterliche Stoff nicht originalgetreu wiedergegeben wird sonder dem Ziel entsprechend aufgearbeitet werden. Zahlreiche Möglichkeiten der Mittelalter-Rezeption sind denkbar: neben der Reproduktion von mittelalterlichen Texten, das Zitieren aus mittelalterlichen Texten, das Paraphrasieren, die Adaption, die Anspielung auf mittelalterliche Texte und Gegebenheiten, bis hin zur Neuschöpfung in Inhalt, Gattung und Tendenz. Zur Funktion der Mittelalter-Rezeption und Mittelalter-Imigation lässt sich sagen, dass

---

[41] Ebd. . Baumgart zählt George zu den Dichtern der Moderne und führt aus dass man bei Stefan George begreift, dass „ ästhetischer Konservatismus und ästhetische Anti-Moderne Teil der Moderne selbst sind" (Ebd. S.533)
[42] Vgl. Baumgart, 2016, S. 531
[43] Wolfgang, 1997, S. 256
[44] Vgl. Thomas, 2007, S. 301
[45] Krohn, 1986, S. 186

mittelalterliche Stoffe bewusst aufgegriffen werden. Dies dient zum einen dem Pflegen des Kulturgutes und zum anderen „[…] sagt die Rezeption des Mittelalters mehr über die Nachgeborenen als über die Vergangenheit aus […]."[46] Für die Forschung wird aus eben dieser Rezeption ein höherer Zweck nutzbar gemacht, der neben der Geschichte des eigenen Volks auch die eigene Kultur bewahren soll, sowie gegebenenfalls neu erfahren bzw. neu interpretieren soll; denn „Einblicke ins Mittelalter konfrontieren […] mit dem ganz Anderen. Es fordert in seiner Fremdheit zur Auseinandersetzung heraus und relativiert damit die Maßstäbe der Gegenwart".[47] Somit ist Mittelalterrezeption nicht in erster Linie die Beschäftigung mit der Vergangenheit oder eine Hinwendung zum Mittelalter, sondern widmet sich vielmehr der Beantwortung von Fragen, betreffend der Intention und den Interessen der damaligen Zeit bzw. denen der Autoren. Welche Intention(en) sich hinter Georges Mittelalterrezeptionen verbergen könnten, versucht der kommende Absatz darzustellen.

Das Mittelalter in den georgischen Werken

Stefan George wuchs in einer Zeit auf, in der Mittelalter-Deutungen und Bezugnahmen schulisch, gesellschaftlich, kulturell und politisch allgegenwärtig waren.[48] Die Präsens des Mittelalters war an dem Ort, an dem George aufwuchs und sozialisiert wurde, noch stärker wahrzunehmen. Das Rheinland, wozu das Heimatstädtchen Bingen gehört, ist gespickt von Ruinen von Schlössern, Burgen und Baudenkmäler. Lokale Sagen und Mythen trugen zudem zu der berühmten Rheinromantik bei - davon zeugen zahlreiche bedeutende Rheindichtungen (u.a. von Schlegel, Eichendorf, Heinrich Heine). Besonders das Mittelrheintal wurde so „zur prototypischen deutschen Seelenlandschaft stilisiert"[49] - so ist es nicht verwunderlich, dass Georges Dichtung in Hinblick auf die Verarbeitung von mittelalterliche Thematiken eine „spezifisch rheinische Prägung" aufweist (auch das Gedicht *Die Gräber von Speyer* lässt sich thematisch beispielhaft verorten).[50] Die Bedeutsamkeit der Mittelalterthematik lässt sich sowohl durch Georges Mittelalter-Rezeption in der Dichtung selbst als auch durch Selbstaussagen wie diese: „Unsere Bildung besteht aus sehr vielen Elementen: das griechisch-

---

[46] Köhn, 1991, S. 415
[47] Zit. n. Oelmann, 2004, S. 134
[48] Vgl. Oelmann, 2004, S. 134-13 & Schloon, 2016, S. 673
[49] Schloon, 2016, S. 674
[50] Ebd.

römische ist eins davon, dann das Mittelalter. In einer idyllischen Natur fühlt man sich aufgeregt zu idyllischen Bildern, am Rhein bei den verwitterten Ritterburgen sucht man grosse ritterliche"[51] bestätigen. Der Frage, was diese Mittelalter-Rezeption in Georges Werken leistet und in welchem Rahmen und welcher Funktion sie genau auftritt, hat sich Jutta Schloon detailliert gewidmet - ihre Ergebnisse werden im Folgenden zusammenfassend dargestellt.[52] So können Drei Phasen des 'Mediävalismus' in der Dichtung Stefan Georges ausgemacht werden. 'Mediävalismus' ist dabei als ein „doppelseitiges Phänomen"[53] zu verstehen, das auf der einen Seite aus rezeptiven und auf der anderen Seite aus imaginativen Prozessen resultiert. Der Begriff bezeichnet somit zum einen alle Arten von Bezugnahmen auf das Mittelalter, das heißt seine Thematisierung und Darstellung, seine motivische und metaphorische Aktualisierung sowie die Übernahme mittelalterlicher Elemente wie etwa Stile, Gattungen oder Vokabular, und zum anderen zählen dazu die sinnlichen und emotionalen Effekte dieser Bezugnahmen. Der Mediävalismus entsteht also aus dem Zusammenspiel von Mittelalter-Rezeption und Mittelalter- Imagination.

Die erste Phase, die Schloon von 1890-1900 datiert, betitelt sie als die Phase des „ästhetischen Mediävalismus"[54]. Einen Großteil seiner Dichtung kreierte Stefan George in dieser Zeit in mittelalterlichem Stil, höchstwahrscheinlich angeregt durch Schul- und Studienlektüren. Georges Schaffen steht in diesen Jahren unter dem Eindruck des französischen Symbolismus.[55] Auch seine medavalisierenden Gedichte präsentierte George ganz im Sinne der symbolistischen Poetik als „spiegelungen einer seele, die vorubergehend in andere zeiten und orte geflohen ist und sich dort gewiegt hat"[56]. George stellte diese Gedichte unter den Überschriften *Sagen und Sänge eines fahrenden Spielmanns* zu einem Zyklus zusammen. Die Bezugsräume Antike, Mittelalter und Orient stehen hier gleichberechtigt nebeneinander, die Stefan George in der Vorrede als „unsere drei grossen bildungswelten"[57] klassifiziert. Im *Buch der Sagen und Sänge* finden sich Gedichte, die mittelalterliche Motive, Gestalten und Genres aufgreifen und im Ton mittelalterlicher Minnelieder anklingen lassen. In moderner Brechung kreisen die Gedichte um die Themenwelt des höfischen Mittelalters, Rittertum, Minnedienst

---

[51] Ebd.
[52] Vgl. Schloon, 2016, S. 672-682 (der folgende Absatz stellt eine Zusammenfassung bzw. Pharaphrase der Arbeit Jutta Schloons (Schloon, J. (2016). Mittelalter-Rezption. In A. Aurnhammer, W. Baumgart, S. Breuer, & U. Oelmann (Hrsg.), Stefan George und sein Kreis (Bd. 2, S. 672-682). Berlin/Boston: de Gruyter) dar, der Lesbarkeit und Übersichts halber werden nur noch direkte Zitate, sowie Zitate andere Autoren explizit gekennzeichnet)
[53] Ebd. S.672
[54] Schloon, 2016, S. 675
[55] Vgl. S.1 & S.8
[56] George, Stefan, 1884; zit. n. Oelmann, 2004, S. 142
[57] George, Stefan, 1895; zit. n. Schloon, 2016, S. 676

und Marienverehrung. Jutta Schloon schreibt dieses Werk dem 'simulierenden Historismus' zu und fasst zusammen, „ dass [es Stefan George] nicht um die historische Epoche [ginge], sondern Mittelalter ihm als Bildinventar und Projektionsraum [diene], in den persönliche wie zeittypische Vorstellungen rückgespiegelt werden konnten".[58]

Die zweite Phase des Mediävalismus, in welcher auch das Gedicht *Die Gräber von Speyer* entstanden ist, datiert Schloon von 1900 bis 1914. Die Mittelalterthematik ist hier weniger offenkundig; „denn nach dem *Buch der Sagen und Sänge* wendet sich kein Zyklus mehr exklusiv dem Mittelalter zu"[59]. Auch Oelmann bestätigt diese Auffassung und belegt eine Veränderung hinsichtlich Georges Wertschätzung mittelalterlicher Dichtung.[60] Jedoch weisen die darauffolgenden Gedichtbänden *Der Teppich des Lebens* von 1900, *Der Siebente Ring* von 1907 und *Der Stern des Bundes* von 1914 mehrere einzelne Gedichte und Gedichtfolgen mittelalterlichen Bezügen auf, „die in der Zusammenschau die Konturen eines ‚zeitkritischen' Mediävalismus zeigen"[61]. In dieser zweiten Phase des Mediavalismus in Georges Werk fungiert das Mittelalter vor allem als Gegenbild zur Moderne und komplementiert so Georges poetische Kulturkritik. Mittelalterliche Kaiser, Kunstwerke und Erinnerungsorte werden wiedererweckt und belebt und fungieren als Zufluchtsräume in der so kritikwürdigen Gegenwart. Zudem erlangen mittelalterliche Gemeinschaftsformen und mystische Modelle konstitutive Bedeutung für das Selbstverständnis und die Organisation des George-Kreises.[62]

1914 bis Georges Tod 1933 identifiziert Jutta Schloon als dritte Phase und betitelt diese als „monumentalischen Mediävalismus"[63]. Diese dritte Phase ist bei George selbst nur schwach ausgeprägt, was auch mit seiner nachlassenden Produktivität nach dem Ersten Weltkrieg erklärbar ist. Georges letzter Gedichtband *Das Neue Reich* erscheint 1928 und vereint alle seit 1909 entstandenen Gedichte. Schloon macht darin ein Gedicht mit dem Titel *Burg Falkenstein* als zentrales aus und analysiert, dass „dieses Ruinengedicht mediävalisierende Motive der früheren Dichtung wieder auf[greift] und [...]die Epiphanie des Heroischen aus deutscher Landschaft und Geschichte [feiert]"[64]. Ähnliches attestiert sie auch den Gedichten *Der Krieg* und *Geheimes Deutschland*, wobei sich Georges poetische Kaiserträume hier im Mythischen auflösen und letztlich unbestimmt blieben[65]. Nicht mehr George selbst, sondern seine Schüler

---

[58] Schloon, 2016, S. 676
[59] Ebd. S.678
[60] Vgl. Oelmann, 2004, S. 146
[61] Schloon, 2016, S. 678
[62] Vgl. S.3
[63] Schloon, 2016, S. 680
[64] Schloon, 2016, S. 681
[65] Ebd. S. 680

schreiben nun die Ideen eines neuen Reichs und auch mithilfe von mittelalterlichen heroischen Mythengestalten fort. So entstand unter Georges Einfluss beispielsweise Kantorowicz Monographie über Kaiser Friedrich II. (1927) und von den Steinens fünfbändige Reihe *Helden und Heilige des Mittelalters* (1926–28).[66] Auch das folgende Gedicht widmet sich unter anderem dem Kaiser Friedrich II. Welche Ideen und Intention dahinter stehen könnten, versucht die folgende Gedichtsanalyse herauszufinden.

Die Gräber in Speier

DIE GRAEBER IN SPEIER

Uns zuckt die hand im aufgescharrten chore
Der leichenschändung frische trümmer streifend.
Wir müssen mit den tränen unsres zornes
Den raum entsühnen und mit userm blut
Das alte blut besprechen dass es hafte •
Dass nicht der Spätre schleicht um tote steine
Beraubte tempel ausgesognen boden ..
Und der Erlauchten schar entsteigt beim bann:

Urvater Rudolf steigt herauf mit sippe •
Er sah in seinem haus des Reiches pracht
Bis zu dem edlen Max dem lezten ritter •
Sah tiefste schmach noch heut nicht heiler wunde
Durch mönchezank empörung fremdengeissel •
Sah der jahrtausendalten herrschaft ende
Und nun die grausigen blitze um die reste
Des stamms dem unsre treue klage gilt.

Des weihtums gründer • strenge kronenstirnen •
Im missglück fest • in busse gross: nach Konrad
Der dritte Heinrich mit dem stärksten zepter –
In wälschen wirren • in des sohnes aufruhr
Der Vierte reichsten schicksals: haft und flucht •
Doch wer ihn wegen sack und asche höhnte
Den schweigt er stolz: der orte sind für euch
Von schmählicherem klange als Kanossa.

Vor allen aber strahlte von der Staufischen
Ahnmutter aus dem süden her zu gast
Gerufen an dem arm des schönen Enzio
Der Grösste Friedrich • wahren volkes sehnen •
Zum Karlen- und Ottonen-plan im blick
Des Morgenlandes ungeheuren traum •
Weisheit der kabbala und Römerwürde
Feste von Agrigent und Selinunt.

---

[66] Vgl. Schneider, 2004, S. 183

Das Gedicht *Die Gräber in Speier* erschien 1907 innerhalb des Gedichtzyklus *Der siebte Ring*. Die streng anmutende Architektur der Gesamtkomposition steht in Spannung mit der großen Vielfalt der Einzelgedichte. Der Band besteht aus sieben Büchern, wobei jedes Buch eine durch sieben teilbare Anzahl von Gedichten aufweist. Ernst Morwitz vergleicht die Bücher mit den Lebensringen eines Baumes oder konzentrischen Kreisen; für letzteres würde die Anordnung sprechen, da der vierte Ring *Maximin* im Zentrum des *Siebenten Rings* steht. Der erste Ring *Zeitgedichte*, zu dem auch *Die Gräber in Speier* zählen, enthält 14 Gedichte, welche alle dieselbe Form aufweisen: Jedes besteht aus genau 32 Verszeilen, welche jeweils gleichmäßig in vier Strophen aufgeteilt sind.[67] Die Verse reimen sich nicht und bis auf die Versanfänge verzichtet George wie gewohnt auf Interpunktion und Großschreibung.[68]

Mit den Zeitgedichten huldigt Stefan George große Persönlichkeiten (Dante, Goethe, Nietzsche, Papst Leo XIII., Könige und Kaiser des deutschen Mittelalters) und stellt sie so den Gegenwärtigen gegenüber.

Das Gedicht Die *Gräber in Speier* ist formal folgendermaßen aufgebaut: es handelt sich jeweils um vier Strophen, die aus je acht Blankversen, reimlosen jambischen Fünfhebern bestehen. Die Strophenform lässt sich folgendermaßen charakterisieren: Der romanischen Strophenform entspricht die Verszahl, die Reimlosigkeit alludiert antike Verse. Zudem ist der jambische Gleichklang durch ‚antikisierende Doppelsenkungen' und durch den unregelmäßigen Wechsel männlicher und weiblicher Versenden merklich variiert.[69]

Im Dom von Speier wurden von seiner Entstehung an verschiedene Herrscher und Familienmitglieder dieser beigesetzt. Im Jahr 1901 ließ Kaiser Wilhelm II. diese Gräber öffnen, was höchstwahrscheinlich den Anlass für dieses Gedicht darstellt.[70].

In *Die Gräber in Speier* wird die archäologisch motivierte Öffnung der Kaisergräber im Speyerer Dom angeprangert Hier ist das lyrische Wir von Anfang an präsent als Kultgemeinde, welche die „leichenschändung" (V2) der in der zweiten Person Plural geschmähten

---

[67] Morwitz, 1960, S. 215
[68] Vgl. S. 6 (Stefan Georges Poesie – Charakteristika)
[69] Vgl. Burdorf, 1997
[70] Im Seminar wurde diskutiert (und favorisiert), ob die Grab- und Leichenschändung, die 16869 dort durch die Franzosen stattgefunden, nicht als Gegenstand und Motiv der Anklage des Gedichts sei – alle konsultierte Literatur (vgl. Aurnhammer, 2017, S. 345; Morwitz, 1960, S. 229; Korn, 1994, S. 89; Karst, 1969, S. 100 ff.) nennen außschließlich die Graböffnung 1901 unter Kaiser Willhelm

Zeitgenossen „entsühnen" zu müssen glaubt. Die Heraufbeschwörung der Kaiser, ergänzt durch den hinzugedichteten Kaiser Friedrich II., stellt nach Aurhammer „eine Wahl-Genealogie dar, die für eine elitäre Ahnenprobe des Kreises sorgt"[71]

Das Gedicht beginnt mit Wut und Entrüstung über eine solche Respektlosigkeit – die fast in verbaler Gewalt mündet, so „zuckt" „die hand" (V. 1) beim Anblick oder Gedanken an die „leichenschändung" (V2). Durch das Offenlegen der nun entblößten und erbärmlichen Gebeine wird den einst großen Herrschern ihre ganze Pracht und Würde genommen. Aber George hält die wichtigsten Lebenselemente dieser Herrscher fest und verewigt sie so in seinem Gedicht. Dass die Gebeine zur Schau gestellt wurden, kann man daran festmachen, dass die „hand" (V. 1) des Besuchers die Möglichkeit hatte, die kürzlich zerstörten Gräber (V. 2: „frische trümmer") zu berühren (V. 2: „streifend"). Diese „hand" ist nicht nur dem lyrischen Ich zuzuordnen, sondern mehreren Personen, was schon am Anfang des ersten Verses durch das Personalpronomen „Uns" impliziert wird und so auf eine gleichgesinnte Kulturgemeinde referiert. Der Geist der Kaisergeschichte muss (durch das folgende aktive Erinnern) entsühnt und somit lebendig gehalten werden, um die Wirkkraft für die Gegenwart und Zukunft zu bewahren. Das Aufzeigen der ehrfurchtsvollen Erinnerung an vergangene Herrscher bestimmt nun die restlichen drei Strophen, welche die vergangenen 900 Jahre umfassen. Es fängt mit demjenigen an, der den Dom von Speyer erbauen ließ, namentlich Kaiser Konrad II. Zunächst werden vier Generationen von Kaisern zwischen 1024 bis 1106 und deren prägnantesten kulturhistorischen Merkmale angesprochen. Hier werden vor allem deren Charakterzuge wie Standhaftigkeit (V. 10: „fest"), Großzügigkeit (V. 11: „in busse gross") und Durchsetzungsvermögen (V. 11: „starksten") gepriesen.

Darauffolgend beschreibt George die für den Untergang der Habsburger verantwortlichen Gegebenheiten, indem er den Grunder Rudolf I [V22], der an der Stelle, die eigentlich für Barbarossa vorgesehen war, liegt, als Geist über die Zeit hinwegschweben lässt. Somit lässt George Rudolf I. den Untergang des eigenen Volkes mitansehen, wobei die Zeitspanne hier ca. 400 Jahre zu umfassen scheint. Es wird postuliert, dass sich das Glück wendete, als Kaiser Maximilian I. auf den Thron kam; dies stellt auch den Übergang des Mittelalters zur Neuzeit dar. Durch die negativ dargestellte Reformation der Kirche (V. 21: „mönchezank"), die „empörung" (V.22) und „fremdengeissel" (V.22) mit sich bringt, und den 30jährigen Krieg wurden die Habsburger dann fast vollständig zerschlagen und diejenigen, die noch gegenwärtig waren litten noch immer unter ihrer Abstammung und bekommen den nahenden Untergang

---

[71] Aurnhammer, 2017, S. 345

prophezeit (V. 23: „Und nun die grausigen blitze um die reste"). Die Zeitspanne umfasst hier die Jahre 1493 bis 1889. Als letztes behandelt George die Staufer (V. 25), von denen allerdings lediglich tatsächlich ein Mitglied, nämlich Beatrix von Burgund im Speyer Dom begraben war. Damit wird an deren Mann, Sohn und Enkelsohn erinnert. Mit der Beschwörung des „Grössten Friedrich" (V.28) legt Stefan George laut Karst eindeutig „Bedeutung und Schwergewicht auf das süddeutsch-rheinisch-römische Erbe in der deutschen Geschichte; der Staufer Friedrich der II. ist ihm wichtiger als der Hohenzoller Friedrich der Große".[72] Karst führt erklärend weiter aus, dass das Reichsmodell, was Stefan George mit Friedrich dem II. verbindet nicht national verenget sei, sondern von kosmopolitischer Weite zeuge.[73] Auch die in dem letzten Vers des Gedichts genannten sizilianischen Städtchen bzw. Tempel „Agrigent" und „Selinute" (V.32) stehen stellvertretend für den Ort, „an dem Staufer Friedrich II. griechische Philosophie, römische und normannische Staatskunst, semitisch-islamische Gelehrsamkeit und antik-christliches Herrschaftsbewusstsein einschmilzt."[74]

Trotz der wenigen Herrscher, deren Überreste im Dom von Speyer freigelegt wurden, hat George ein Rückblick entstehen lassen, der viele Generationen von Königen und Kaisern umfasst. Da sich George in diesem Gedicht insgesamt neun Personen zuwendet und zusätzlich noch einige historische Hintergrunde anspricht, ist der Informationsgehalt in diesem Gedicht sehr dicht, aufgrund seiner Kürze aber, vor allem aus heutiger Perspektive, teils schwer auszumachen. Dass George dieses Gedicht für einen erlesenden Kreis der Elite mit höherer Bildung und ähnlichem Gedankengut, nämlich dem durch den Staufenkaiser Friedrich II. versinnbildliche Reichsmodell zugewandt, konzipierte, liegt nahe.

Die Motive der Graböffnung zu Speyer werden nicht angesprochen, nicht hinterfragt, sondern disqualifiziert, indem der Vorgang als Leichenschändung und Entweihung klassifiziert wird. Leichen- und Grabschändung hat die Grabstätte in ihrer Historie einige vorzuweisen (Verwüstung durch Behausung 1522 durch Soldaten des Markgrafen Albrecht Alcibiades von Brandenburg; 1689 Aufbruch der Gräber und Monumentzerstörung, sowie Leichenschändung (Schädelspaltung von Rudolf von Habsburg) durch die Franzosen; 1739 Grabungen durch Beauftragte des österreichischen Kaiserhauses; 1794 verwüsteten Französen im Zuge der franz. Revolution den Dom erneut)[75] - die von George beklagte Graböffnung hatte jedoch entgegensetzte Ziele: Restaurierungs- und Bestimmungsarbeiten, wonach die Toten unter

---

[72] Karst, 1969, S. 104
[73] Karst, 1969, S. 104
[74] Karst, 1969, S. 104
[75] Karst, 1969, S. 102

einem feierlichen Staatsakt mit Weihung wieder beigesetz wurden.[76] Dabei hatten die Archelogen und Stefan George dieselben Ziele: Kenntnis und Würdigung der großen Verstorben.

Ein Resümee

Stefan George war mir vor dieser Arbeit gänzlich unbekannt – nach dieser ausführlichen Beschäftigung ist er mir bekannter, aber dennoch fremd. Diese ausgeprägte Faszination, die er auf seine Mitmenschen ausgestrahlt haben muss (die teilweise in einer Art Hörigkeit gemündet zu sein scheint), ist aus der heutigen Perspektive schwer nachzuvollziehen, vor allem wenn man allein seine poetischen Erzeugnisse zu Rate zieht. Stefan Georges Poetik im Rahmen von Mittelalterrezeption zu thematisieren, erscheint mir äußerst sinnvoll; denn die Thematisierung der Vergangenheit (egal in welcher Form) tätigt immer eine Aussage über die Gegenwart; und Stefan Georges Gegenwart scheint, seiner Auffassung nach, seiner größtenteils nicht würdig gewesen zu sein. So erschafft er eigene stilisierte Kunsträume, zu denen nur geladene Männer im Korsett seiner Reglements Zutritt haben. Um dies besser nachvollziehen zu können, wäre eine detailliertere Auseinandersetzung mit Stefan Georges Gegenwart von Nöten gewesen, die den Rahmen dieser Ausarbeitung jedoch übersteigt.

---

[76] Ebd. S. 103

Literaturverzeichnis

Primärliteratur

George, Stefan: Der siebente Ring. Gesamt-Ausgabe der Werke, Band 6 / 7. Berlin: Georg Bondi, 1931.

Sekundärliteratur

Adam, Wolfgang. „Die Zeitschrift "Euphorion" in den Jahren 1950-1970." In *Deutsche Literaturwissenschaft 1945-1965. Fallstudien zu Institutionen, Diskursen, Personen,* Herausgeber: Petra Boden und Rainer Rosenberg. Berlin: Akademie Verlag, 1997.

Aurnhammer, Achim. „Zeitgedichte." In *Stefan George - Werkkommentar,* Herausgeber: Jürgen Egyptien, 335-355. Berlin: de Gruyter, 2017.

Burdorf, Dieter. *Einführung in die Gedichtanalyse.* Suttgart/Weimar: Sammlung Metz 284, 1997.

Egyptien, Jürgen. *Die Kreise.* Bd. 1, in *Stefan George und sein Kreis,* von Achim Aurhammer, Wolfgang Braugart und Stefan Breuer, Herausgeber: Ute Oelmann, 672-682. Berlin/bosten: de Gruyter, 2012.

Helmut, Henne. „"literatur sprache": Sefan George." In *Sprachliche Spur der Moderne,* 63-86. Berlin/New York: de Gruyter, 2010.

Karst, Theodor. „Die Gräber in Speier - Stefan Georges Gedicht über die Kaisergräber im Speyerer Dom und die Graböffnung im Jahre 1900." *Pfälzer Heimat,* 1969: 100-105.

Köhn, Rolf. „"Was ist und soll eine Geschihte der Mittelalterrezeption?"." In *Mittelalter-Rezeption IV,* Herausgeber: Irene Burg und et. al. Göppingen: Kümmerle Verlag, 1991.

Korn, Karl. „Stefan George - Klage, Schelte,Beschörung." In *1000 Gedichte und ihre Interpretationen: Von Adorno Holz bis Rainer Maria Rilke*, von Marcel Reich-Ranicki, 89-91. Frankfurt am Main, Leipzig: Insel Verlag, 1994.

Krohn, Rüdiger. *"So erklärt und ergänzt die alte Zeit die neue, und umgekehrt". Überlegungen zu mediävistischen Erforschung der Mittelalter-Rezeption.* Bd. 1, in *Materialien und Beiträge zu Mittelalter-Rezeption*, Herausgeber: Rüdiger Krohn. Göppingen: Kümmerle Verlag, 1986.

Lehnert, Herbert. *Geschichte der deutschen Literatur vom Jugendstil bis zum Expressionismus.* Stuttgart: Reclams Universalbibliothek, 1978.

Morwitz, Ernst. *Kommentar zu dem Werk Stefan Georges.* Düsseldorf; München: Küpper, 1960.

Oelmann, Ute. „Das Mittelalter in der Dichtung Gerorges. Ein Versuch." In *Geschichtsbilder im George-Kreis - Wege zur Wissenschaft*, Herausgeber: Barbara Schlieben, Olaf Schneider und Kerstin Schulmeyer, 133-145. Göttingen: Wallstein, 2004.

Roos, Martin. *Stefan Georges Rhetorik der Selbstinszenierung.* Düsseldorf: Grupello, 2000.

Rothmann, Kurt. *Kleine Geschichte der deutschen Literatur.* Stuttgart: Reclams Universalbibliothek, 1997.

Schloon, Jutta. *Mittelalter-Rezption.* Bd. 2, in *Stefan George und sein Kreis*, von Achim Aurnhammer, Wolfgang Baungart und Stefan Breuer, Herausgeber: Ute Oelmann, 672-682. Berlin/Boston: de Gruyter, 2016.

Schneider, Wolfgang Christian. „"Heilige und Helden des Mittelalters" - Die geschichtliche "Schau" Wolframs von den Steinen unter dem Zeichen Georges." In *Geschichtsbilder im George-Kreis - Wege zur Wissenschaft*, Herausgeber: Barbara Schlieben, Olaf Schneider und Kerstin Schulmeyer, 183-208. Göttingen: Wallstein Verlag, 2004.

Schonauer, Franz. *Stefan George in Selbstzeugnissen und Bilddokumenten.* Reinbeck: Rowohlt, 1992.

Thomas, Tomasek. *Gottfried von Straßburg.* Stuttgart: Reclam Verlag, 2007.

Winkler, Michael. „Stefan George." In *Deutsch Dichter. Realismus, Naturalismus und Jugendstil*, von Gunter Grimm, Herausgeber: Frank Max, 422-436. Stuttgart: Reclam Universalbibliothek, 1989.

BEI GRIN MACHT SICH IHR WISSEN BEZAHLT

- Wir veröffentlichen Ihre Hausarbeit, Bachelor- und Masterarbeit

- Ihr eigenes eBook und Buch - weltweit in allen wichtigen Shops

- Verdienen Sie an jedem Verkauf

Jetzt bei www.GRIN.com hochladen und kostenlos publizieren